04 패션 디자이너

일과 사람

내가 만든 옷 어때?

곰곰 쓰고 선현경 그림

사계절

우리 집은 딸이 여덟이야. 나는 막내딸이고.
엄마는 우리 옷을 손수 만들어 주곤 했어.
옷감을 사다가 재봉틀로 드르륵 꿰매면, 치마도 되고 바지도 되었지.
한번은 딸 여덟한테 똑같은 천으로 옷을 만들어 준 적도 있어.
셋째 언니랑 넷째 언니 빼고는 다들 재미있어했어.

나는 언니들이 입던 옷을 물려 입은 적이 많아.
나한테 올 때쯤이면, 옷에 기운 자국들도 있었어.
속상하지 않았냐고? 아니야, 엄마가 더 예쁘게 고쳐 주었는걸!
나는 엄마 옆에서 헝겊을 가지고 노는 게 좋았어.
새 헝겊이 탐나서 엄마 몰래 숨긴 적도 있어.

헌 옷도 새 옷처럼!

새 옷도 좋지만, 헌 옷을 고쳐 입는 것도 정말 즐거워.
엄마한테 내가 좋아하는 대로 마음껏 주문할 수 있어!

바지를 고쳐 보자!

원하는 길이만큼 잘라.

주머니는 떼어.
예쁜 천을 주머니
모양으로 잘라 붙여.

주머니
밑단

밑단도 덧대었어.
어때, 다른 옷 같지?

원피스를 꾸며 보자!

목 둘레에
레이스를 둘러.

얼룩

좋아하는 천으로
주머니를 달아.

다른 옷에서
떼어 둔 단추를
달았어.

소매 끝과
치맛단에는
수를 놓았어.
꽃이 핀 것 같지?

소품을 만들자!

헌 머리띠에 천을 씌우고,
리본으로 꽃을 만들어 달았어.

자투리 천으로
주머니를 만들어서
친구한테 선물했어.

나는 자라서 패션 디자이너가 되었어.
어떤 옷을 만들지 생각하고, 옷이 다 될 때까지 살피는 일을 해.
여자들이 입는 블라우스나 치마, 외투 들을 만들어.

나는 예쁘고 사랑스러운 옷을 만들고 싶어. 사람들이 내 옷을 입고 빙그레 웃으면 좋겠어.

동대문 시장에 내가 만든 옷을 파는 가게가 있어.
여기에서 나랑 같이 일하는 사람이 셋이야. 모두 옷 파는 일을 해.
우리는 어떤 옷을 더 만들지, 그만 만들지 함께 의논해.
다들 손님들이 좋아하는 옷, 싫어하는 옷을 잘 알거든.
잡지나 패션쇼를 보면서 옷 공부도 열심히 해.
우리는 옷이 좋아서 만난 사람들이라서
마음이 잘 통해.

여기가 내 가게야.
가게에 있는 옷은 다
내가 디자인한 거야.

함께 일하는 사람들

슬기는 손님들한테 어울리는 옷을 잘 골라 줘.

연두는 우리 옷들이 예쁘게 보이도록 가게를 잘 꾸며.

세경이는 손님들이 무엇을 좋아하고 싫어하는지 나한테 잘 이야기해 줘.

옷 디자인은 한두 계절 앞서서 미리 해.
여름에는 가을, 겨울 옷을 디자인하고,
반대로 겨울에는 봄과 여름에 입을 옷을 준비해.
미리미리 준비해야 사람들이 제철에 옷을 사 입거든.
이번 가을, 겨울 옷은 어떤 느낌으로 만들까 생각하고 있어.
지난해에는 어깨선이 볼록 솟은 옷으로,
씩씩한 느낌을 주었지.

계절에 따라 다른 옷감을 써

봄가을 날씨는 낮에는 따뜻하고 아침저녁에는 쌀쌀해. 겹쳐 입어도 답답하지 않도록 얇은 옷감으로 겉옷을 만들어. 봄에는 꽃처럼, 가을에는 단풍처럼 고운 천을 쓰고 싶어.

여름에는 바람이 술술 통하는 옷감을 써. 자주 빨아도 해지지 않고 금방 마르는 천이 좋아. 땀을 잘 빨아들이는 천도 좋겠지? 햇볕을 머금지 않도록 밝은 빛깔 천을 쓰지.

겨울에는 몸에서 나는 열을 잘 간직하는 옷감을 써. 옷을 많이 겹쳐 입으니까, 따뜻하면서도 너무 무겁지 않은 천을 써야겠지.

새롭고 재미나고 예쁘고 즐거운 것 다 모으자!

어느 날 갑자기 멋진 옷이 "짠!" 떠오르는 건 아니야. 많이 보고 느끼고 연구해야 좋은 옷을 디자인할 수 있지.

멋지다!!

화가들이 그린 빛깔이나 모양을 보면서 옷을 떠올릴 때가 많아.

꽃이나 풀, 벌레의 모양과 빛깔을 눈여겨봐. 자연처럼 아름다운 디자인은 없는 것 같아.

길거리에서 사람들 옷차림을 보면서 배우기도 해. 특히, 제멋대로 꾸며 입었는데도 멋스러운 옷차림을 눈여겨봐. 작은 스케치북을 갖고 다니다가 얼른 그려 두기도 해. 둘레의 온갖 것들이 다 좋은 선생님이야.

잡지에서 마음에 드는 것들을 오려. 그리고 내 멋대로 덧붙여서 그림을 만들기도 해.

옛날 영화도 즐겨 봐. 오드리 헵번이라는 배우가 입은 옷이 얼마나 예쁜지 몰라.

동물의 아름다운 무늬를 본떠서 만든 천도 많아. 아주 강렬한 느낌을 줘.

이런 빛깔 스웨터

따뜻한 느낌이 드는 빛깔.
해님이나 노을이
이런 빛깔이지.

나는 옷을 만들 때 빛깔을 먼저 떠올려.
추운 계절에는 검정같이 어두운 빛깔 옷을 많이 입잖아.
나는 거기에 예쁜 빛깔을 더하고 싶어.
검정 코트 안에 보랏빛 옷을 입으면 근사할 거야.

이파리들도 어느 쪽 빛깔에 가까우냐에 따라
느낌이 달라. 누런 빛깔 쪽에 가까우면 차분한 느낌,
파란 빛깔 쪽에 가까우면 산뜻한 느낌이야.

이곳은 갖가지 옷감을 파는 시장이야. 패션 디자이너들은 이곳에
거의 날마다 와. 날마다 새로운 것들이 쏟아져 나오거든.
시장을 둘러보는 것만으로도 좋은 공부가 돼. 옷감을 보다가 갑자기
옷이 떠오르는 때도 있어. 마음에 드는 옷감이 있으면 얼른 사기도 해.
옷감들아, 너희는 어떤 옷이 되고 싶니?

이곳은 단추나 장식물을 파는 시장!
저번에 주문했던 단추를 찾아서 공장에 보내야 해.
옷을 만들려면 단추나 지퍼, 고무줄, 깃털,
고리 같은 재료가 더 있어야 해.
옷을 여밀 때 꼭 필요한 것도 있고,
옷을 멋스럽게 꾸미고 싶을 때도 많이 써.

아까 산 천이랑 잘 어울리겠어!

동대문 시장은 특별해!

서울 동대문 둘레에 커다란 시장 건물들이 수십 채나 모여 있어. 그 안에 있는 가게들은 몇만 개나 돼. 다 합쳐서 동대문 시장이라고 불러. 동대문 시장엔 머리에서 발끝까지 우리 몸에 걸치는 물건이 다 있어. 옷, 신발, 모자, 가방, 장신구를 다 살 수 있지. 천과 실, 바늘을 파는 곳도 있어. 단추나 지퍼, 구슬 같은 부자재만 파는 가게가 모여 있는 상가도 있지. 동대문 시장 가까이에는 공장도 많아. 천에 무늬를 찍는 공장, 옷 만드는 공장, 가방 만드는 공장도 있어.

어젯밤에는 잠을 잘 못 잤어.
자려고 누웠는데 갑자기
예쁜 치마가 생각났거든.
잊어버릴까 봐 벌떡 일어나서
치마를 그렸어.

이번 가을 옷은 명랑하고 따뜻한 느낌을 주는 옷으로 정했어.
밝은 빛깔 보드라운 블라우스나 주름이 많은 치마를 만들어야겠어.
이렇게 미리 주제를 정해 놓고 계획을 세워서 디자인해.
그래야 서로 어울릴 만한 옷을 만들 수 있지.

바쁜 내 작업실

스케치북을 들추어 보기도 하고,
모아 놓은 사진들도 꺼내 봐.
그동안 쌓아 둔 생각들을 꺼내는 거야.
오, 멋진 옷이 마구 떠오른다.

주름이 부드럽게 잡히네.

옷감과 견본들을 만져 봐. 살살 쓰다듬기도 하고,
구겨 보기도 해. 몸에 두르기도 하고, 힘껏 당겨 보기도 해.
뻣뻣한 천인지, 부드러운 천인지, 잘 늘어나는
천인지에 따라 만들 수 있는 옷이 달라.

이 천으로는 주름치마가 좋겠고……

빛깔이 비슷한 옷감끼리 놓기도 하고,
완전히 반대되는 빛깔끼리 놓기도 해 봐.

작은 무늬와 큰 무늬.

빛깔 차이가 많이 날수록 활기차고 센 느낌이야.

선명한 줄무늬.

부드러운 줄무늬.

내가 그린 그림을 다 옷으로 만드는 건 아니야.
어떤 그림을 옷으로 만들지 골라야 해. 가게 동료들과 같이 의논해.
내가 생각하지 못한 점을 찾을 수 있거든.
머리를 맞대고 고른 그림은 옷으로 한번 만들어 볼 거야.
고칠 점은 없는지 미리 살펴봐야 하거든.
이런 옷을 샘플이라고 해.
이제 작업 지시서를 꼼꼼하게 써야지.
자, 옷을 만들러 공장으로 가 보자!

이야, 파란 외투 정말 산뜻하다!

이 빨간 치마는 너무 풍성한 것 같아요.

주름이 너무 많은가?

공장에서 일하는 분들을 만나면 마음이 든든해.
여기 있는 분들은 이십 년도 넘게
옷을 만든 전문가들이야.
내 그림 옷을 진짜 옷으로 만들어 줄 거야.
옷 하나를 만들려면 많은 사람이 힘을 모아야 해.
나도 그런 사람들 가운데 하나이고.
"잘 부탁합니다. 꼼꼼하게 잘 만들어 주세요!"
나는 함께 옷을 만드는 분들에게
늘 마음을 다해서 고마워하고 있어.

"내 손을 거쳐야 옷이 다 되는 거지."

마무리

단춧구멍을 뚫고, 단추를 달고, 지퍼와 리본도 달아. 마무리가 잘되어야 옷맵시가 살아나. 리본 다는 자리가 조금만 틀려도 느낌이 달라지거든. 단추 간격이 고르지 않거나 실밥이 주렁주렁 달려 있으면 안 돼.

다림질

마지막은 다림질 차례. 옷감을 자르고 꿰매다 보면 구겨지거든. 다림질을 해서 구김을 펴고, 옷 모양도 잡아. 다림질하면서 모양을 잡아 보면 옷이 잘 만들어졌는지 알 수 있어.

"다림질만 이십 년, 솜씨 좀 볼래?"

샘플 옷이 나왔어! 와, 내가 만들었지만 참 예쁘구나!
생각보다 더 멋지게 만들어진 옷도 있어.
천이 너무 뻣뻣하거나 흐늘거려서 생각대로 되지 않은 것도 있지.
먼저 샘플 옷을 입어 보면서 꼼꼼하게 살펴봐.
그래서 조금 고쳐야 할 옷, 그대로 만들면 되는 옷으로 나누어.
아쉽지만, 아예 만들지 않을 옷도 아주 가끔 있지.

이런 것들을 살펴봐

옷 모양이 제대로 나왔는지 살펴봐. 몸에 잘 맞는지, 움직일 때 편안한지도 봐야 해.
이렇게 입어 보고 찬찬히 뜯어봐야 안심할 수가 있어.

샘플 옷에서 고칠 것들을 정리해서, 공장에 다시 주문했어.
이번에는 손님들이 사 입을 진짜 옷이야. 크기마다 몇십 벌씩 만들어서
가게에 내놓을 거야. 옷을 디자인할 때 늘 생각하는 것이 있어.
'내가 손님이라면, 이 옷을 입고 싶을까?'
손님들이 내 옷을 좋아하지 않을 때가 가장 속상해.
옷을 만드는 사람이니까, 사람들이 어떤 옷을 바라는지 잘 알아야지.

어쨌든 한고비 넘겼다.
오늘은 푹 쉬어야지.

나는 디자이너다!

좋아서 하는 일이지만, 힘들 때도 많아. 책상 앞에 앉아서 그림만 그린다고 다 되는 일이 아니니까. 물론 보람찬 일도, 재미난 일도 많지.

푹 자고 싶다.
늘 새로운 걸 만들어야 하니까,
머리에 생각이 꽉 차 있어. 그래서 잠을 잘 못 자.
피곤한데도 잠이 안 들면 얼마나 괴로운데.

불쌍한 내 발
많이 다닐수록 좋은 디자인이 나온다는 말이 있어.
시장을 내 집 드나들 듯 다녀야 하고, 공장에 가서
살펴볼 일도 많아. 그래서 어떤 날은 발이 퉁퉁 부어.

기침이 콜록콜록
옷감에는 먼지가 많아서 옷감 시장이나
옷 만드는 공장은 공기가 좋지 않아.
오래 있으면 기침이 콜록콜록 난다니까.
그 안에서 계속 일하는 사람들은 더 힘들 거야.

앗, 내 옷이다!
길에서 내가 디자인한 옷을
입은 사람을 볼 때가 있어.
그러면 신기하기도 하고,
기분이 참 좋아. 내가 만든 옷이라고
살짝 말해 주고 싶어, 하하하!

내 옷 입고 결혼한 언니
일곱째 언니 결혼할 때 내가 웨딩드레스를
만들어 주었어. 언니는 그 옷을 입어 보고 울었어.
내가 기특했나 봐. 나도 덩달아 눈물이 났어.

드디어 새 옷들이 왔어. 가게에 새 옷을
채우니까 벌써 가을이 된 것 같아.
새로 나온 옷들은 눈에 잘 띄는 자리에 걸어야지.
어떤 손님이 내 옷을 입게 될까?
옷을 입고 어디에 가서 누구를 만날까?
가슴이 두근두근해.

가장 예쁜 옷은 마네킹에 입혀.
옷하고 잘 어울리는 모자나 스카프,
목걸이 같은 것도 걸어 두지. 커다란
인형으로 하는 인형놀이 같지?

어떤 옷이 얼마나 팔리는지 날마다 살펴봐.
그래야 더 만들 옷과 그만 만들 옷을 정할 수 있어.
이번에 새로 나온 옷들을 손님들이 좋아해.
특히 리본 달린 블라우스랑 인어공주 치마가 잘 팔려.
그럴 줄 알았어! 곧 더 만들어야겠어.
소매가 짧은 재킷은 손님 눈길을 못 끄는구나.
아이, 속상해. 옷들도 나처럼 속상할 거야.
"옷들아, 어서어서 좋은 주인 만나 바깥세상으로 나가렴."

와, 중국에서 주문이 들어왔어! 얼마 전에 중국에서 패션쇼를 했거든.
모델들이 내가 만든 옷을 입고 무대를 걸을 때면, 나는 마음이 설레어.
날아갈 것처럼 기분이 좋기도 하고, 사람들이 내 옷을 좋아할까 하고 조마조마해.

기쁘게도, 중국에서 사람들이 내 옷을 아주 좋아했어.
이제 내가 만든 옷을 중국 사람들도 입는 거야!

패션쇼
디자이너가 만든 옷들을 한자리에 모아서 보여 주는 자리야.

나는 앞으로 가방이나 신발도 만들려고 해.
오늘도 시장을 한 바퀴 돌고 나서, 저녁에는 신발 디자인을
공부하러 갈 거야. 내가 만든 것들로 머리부터 발끝까지
특별하게 만들어 주는 것! 그게 내 꿈이야.

나는 날마다 내 꿈에 조금씩 가까워지고 있어.
한꺼번에 다 이루는 것보다 내 힘으로 한 걸음씩 나아가는 게 더 기뻐.
나는 엄마 옆에서 자투리 천으로 인형 옷을 만들던 꼬마였어.
지금은 날마다 더 큰 꿈을 꾸는 패션 디자이너야.

옷감 속 비밀

아주 옛날 사람들은 동물을 사냥해서 먹고, 남은 가죽으로 옷을 만들어 입었어. 나뭇잎이나 풀을 엮어서 옷을 만들기도 했어. 그때부터 지금까지 여러 가지 재료들이 옷감이 되었어. 옷감 재료와 빛깔과 무늬에는 많은 이야기가 들어 있지. 한번 살펴볼까?

재료도 가지가지!

목화 열매 솜털 → 면
면은 땀을 잘 빨아들이고 튼튼해. 속옷이나 편하게 입는 옷에 쓰여.

아마 → 리넨
리넨은 면과 비슷한데, 더 뻣뻣하고 구김이 많아. 봄여름 옷에 많이 쓰여.

삼 → 삼베
삼베는 뻣뻣하고 시원해. 여름 이불을 만들 때 많이 써.

모시풀 → 모시
모시는 삼베보다 올이 훨씬 고와. 모시옷은 몸에 붙지 않고 바람이 술술 통해.

누에고치 → 비단
누에고치에서 실을 뽑아서 비단을 만들어. 매끄럽고 보드랍지. 그런데 다루기가 까다로워.

양털 → 털 부츠
신발 안에 양털을 덧대어 신으면 따뜻해. 양털로 옷감을 짜기도 해. 그것이 '모'라는 옷감이야.

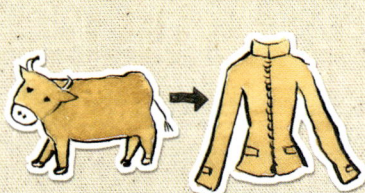 

소가죽 → 가죽점퍼
가죽은 질기고 바람이 잘 안 통해. 가을 겨울 옷에 많이 써. 신발이나 가방도 만들지.

석유, 석탄 → 합성 섬유
어떤 옷감들은 석유나 석탄에서 뽑은 물질로 만들어. 놀랍지? 석유가 옷감이 되다니!

털이나 가죽을 얻으려고 동물을 많이 잡아. 이제 가죽이나 털이 아니더라도 따뜻한 옷이 많이 있다는 걸 기억하자.

우리를 입지 말아줘!

무늬도 가지가지!

지금 입고 있는 옷을 봐. 친구들은 어떤 옷을 입고 있어? 눈이 많이 오는 북유럽 나라에서는 눈 결정체 무늬를 많이 써. 옛사람들이 수놓은 것을 보면, 풀이나 곤충, 꽃무늬가 많지. 많이 보아서 익숙한 모양부터 무늬로 쓰기 시작했지.

자연무늬
자연에서 본 것을 바탕으로 만든 무늬들이야. 꽃, 잎사귀, 나비, 동물 털, 해, 달, 별, 구름 따위 무늬들이 있지.

기하무늬
세모, 네모, 동그라미 같은 도형 무늬들을 말해. 어떤 모양을 반복해서 이어 놓아 새로운 무늬를 만들기도 하지. 줄무늬, 바둑판무늬도 기하무늬야.

무늬 옷을 예쁘게 입어 보자

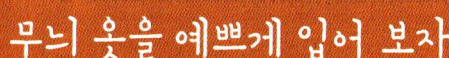

큰 무늬
대담하고 활달한 느낌을 줘. 몸이 작은 사람이 입으면 더 작아 보일 수도 있어.

가로줄
눈이 무늬를 따라가기 마련이라 이런 무늬는 옆으로 넓어 보여.

세로줄
위아래로 길어 보여.

화려한 무늬
무늬가 화려한 옷은 단순한 옷이랑 같이 입어야 무늬가 돋보여!

때와 장소에 맞는 옷

예쁘게만 보이려고 옷을 입는 건 아니야. 옷은 살갗을 보호하고, 추위와 더위도 막아 줘. 옷으로 기쁨과 슬픔을 나타내기도 해. 옷에는 마음도 담겨 있지.

사막같이 뜨거운 곳에서는 하얀 옷으로 몸을 감싸서 햇볕을 막아.

겨울에는 추위를 막으려고 두꺼운 옷을 입어.

결혼식이나 잔치에 갈 때는 한껏 멋을 내고 밝은 빛깔 옷을 많이 입어. 즐겁고 기쁜 마음을 드러내는 거지.

장례식장에는 보통 검은 빛깔의 수수한 옷을 입고 가. 옷으로 슬픔을 나타내는 거야.

말하는 옷도 있지. 티셔츠에 그림이나 글을 적어서, 하고 싶은 말을 할 수 있어.

디자인이란 무얼까?

디자인이라고 하면, 예쁘게 꾸미는 것이 먼저 떠올라. 하지만 더 중요한 것이 있어. 디자인이란 물건이나 생활, 환경을 더 아름답고 쓸모 있고, 편리하게 만드는 일이야. 그래서 디자이너는 자기가 디자인할 물건과 그것을 쓸 사람, 그 사람들이 사는 환경을 잘 알아야 해. 사람을 소중히 여기는 마음이 필요한 일이지.

섬유 디자인
커튼이나 옷, 가방을 만드는 천을 디자인하는 거야. 천의 쓰임새에 맞게 빛깔과 무늬를 디자인해.

출판 편집 디자인
글씨를 어떤 모양과 크기로 넣을지 정해. 그림과 글씨가 조화롭게 어울리는지 살펴. 읽기 쉽고 예쁜 책이 되도록 만드는 거야. 누가, 왜 읽을 책인지 잘 이해해야 해.

가구 디자인
책상, 의자, 침대 같은 가구를 디자인하는 거야. 침대나 의자 같은 건 오래 써도 몸이 편안해야 해. 그러니 디자이너는 사람 몸 구조를 잘 알아야겠지?

인테리어 디자인
집이나 건물 안을 나누고 꾸미는 일이야. 창틀이나 벽, 가구를 어울리게 놓는 거야. 그 안에 살 사람이 어떤 생활을 할지 알아야 해.

건축 디자인

집, 학교, 도서관 같은 건물을 짓는 것을 건축이라고 해. 어떻게 지을지 그림으로 계획을 짜. 이것을 건축 설계 또는 건축 디자인이라고 해. 방을 몇 개나 만들지, 창을 어디로 얼마나 크게 낼지 다 정하는 거야. 공간을 보기 좋고, 쓰임새에 맞게 만드는 일이야.

광고 디자인

광고는 어떤 물건을 사람들이 많이 사도록 알리는 거야. 행사나 생각을 알리기도 해. 신문이나 잡지에서 우유, 신발, 관광지 광고를 본 적이 있지? 높은 건물 옥상에도 광고판이 있어.

산업 디자인

비행기나 텔레비전, 컵같이 생활에서 쓰는 물건들을 디자인해. 자동차는 바람에 맞서지 않고 씽씽 달릴 수 있도록 연구를 많이 해.

정보 디자인

간단한 그림과 기호로 쉽게 뜻을 알 수 있도록 만들어. 그리고 눈에 잘 띄는 색을 써서 멀리서도 볼 수 있게 하지.

작가의 말
우리는 어떻게 서로를 돕게 될까, 두근두근!

어릴 적엔 저녁마다 고민을 했어. '내일은 무슨 옷을 입고 학교에 갈까?' 하고 말이야. 학교에 가지 않는 어른이 되어서도 똑같아. 어떻게 입을지 늘 고민해. 옷을 골라 입는 건 재미있어. 난 긴치마를 좋아해. 알록달록하고 화려한 긴치마를 입으면 내 뚱뚱한 다리도 가려지고, 내가 좀 날씬해 보이거든. 기분에 따라 내 마음대로 입어 보는 것이 좋아.

하지만 마음대로 한다고 아무렇게나 입으면 곤란해. 잠옷을 입고 결혼식장에 들어서면 졸려 보일 거야. 양복처럼 빳빳한 옷을 입고 잠을 자면 날아다니는 꿈은 절대 꿀 수 없을걸?

나는 옷을 골라 입는 걸 좋아하지만 만들어 입지는 못해. 예전에 내가 치마를 하나 만들기는 했어. 알록달록 꽃무늬가 있는 천을 골랐는데 마음에 꼭 들었지. 치마를 만들려고 바느질을 했어. 그런데 바느질이 문제였어. 마무리를 잘못했는지, 입을 때마다 실밥이 풀리는 거야. 점점 풀리더니 나중에는 누더기가 되더라고. 그래서 이제는 인형 옷만 만들어. 내가 입을 옷은 그냥 잘 골라서 사기로 했지.

이 이야기를 그리려고 패션 디자이너를 만나서 취재했는데, 그때 똑똑히 알았어. 옷을 만든다는 건, 혼자서 뚝딱 쉽게 할 수 있는 일이 아니었어. 우리가 입는 옷이 만들어지기까지 정말 여러 사람들의 손길이 필요하더라고.

세상일이 다 그런 것 같아. 혼자서 할 수 있는 일은 별로 없어. 디자이너가 옷을 디자인한다고 바로 옷이 되는 것이 아니야. 천을 만드는 사람, 마름질을 하는 사람, 재봉질을 하는 사람, 여러 사람들이 필요하지. 저마다 맡은 일들을 열심히 할 때 비로소 우리가 입는 멋진 옷이 만들어지는 거야.

이 책에 그림을 그리면서, 내내 같이 사는
사회에 관해 생각했어. 옷을 만드는 사람이 있고,
이렇게 옷 만드는 사람을 그리는 내가 있어.
내 그림으로 책을 엮는 사람이 있고, 이것을 종이에
찍어 책으로 만드는 사람도 있어. 이 책을 파는 사람도 있지. 세상의 모든
직업이 마치 꼬리에 꼬리를 물고 다 이어져 있는 것 같더라. 서로 돕기도 하고,
도움을 받기도 하며 살고 있는 거야!

이 책을 읽으며 자기 미래를 그려 볼 어린이 친구들을 생각하면 두근두근해.
친구들은 어떤 일을 하게 될까, 그 일로 어떻게 우리가 서로 이어질까 하고
말이야. 어떤 일을 하든 서로가 서로에게 도움을 줄 수 있다면 참 좋겠다.
그렇지?

그린이 선현경

글 **곰곰**
어린이 책을 쓰고, 기획하고, 편집하는 사람들이 모여 있습니다.
어린이들에게 꼭 필요한 책이 무엇일까 곰곰이 생각하고,
정성을 다해 꼼꼼히 만들고 있습니다.
어린이와 동물과 숲과 강이 행복해야 좋은 세상이라고 믿고 있습니다.
'일과 사람' 시리즈를 기획, 편집하였습니다.

그림 **선현경**
서울에서 태어나 자랐습니다. 홍익대학교에서 도예를 공부했습니다. 어른이 되고서도
남몰래 그림책을 읽다가 결국 그림책 작가가 되었습니다. 인형, 플라스틱 반지랑 목걸이,
요리, 고양이, 정원 가꾸기, 여행을 좋아합니다. 할머니가 되어서도 그림책을 만든다면
참 좋겠다는 큰 꿈을 가지고, 연희동에서 남편과 딸과 고양이 두 마리와 함께 살고 있습니다.
지은 책으로는 『이모의 결혼식』, 『엄마의 여행 가방』, 『처음 만나는 한시』, 그린 책으로는
『도대체 넌 뭐가 될 거니?』, 『엄마에게는 괴물 나에게는 선물』, 『나도 이제 학교 가요』 들이 있습니다.

도와주신 분 최은아(세뇨리따 대표), 목우경(릴리슈슈 대표), 예성우(모기 디자이너)

일과 사람 04 패션디자이너

2012년 1월 2일 1판 1쇄
2023년 1월 10일 1판 9쇄

ⓒ선현경, 곰곰 2012

글 : 곰곰 | 그림 : 선현경 | 기획·편집 : 곰곰(전미경, 심상진, 안지혜) | 디자인 : 큐리어스(권석연, 김수진)
편집관리 : 그림책팀 | 제작 : 박흥기 | 마케팅 : 이병규, 이민정, 최다은 | 홍보 : 조민희, 강효원
출력 : 한국커뮤니케이션 | 인쇄 : 코리아 피앤피 | 제책 : 책다움
펴낸이 : 강맑실 | 펴낸곳 : (주)사계절출판사 | 등록 : 제406-2003-034호
주소 : (우)10881 경기도 파주시 회동길 252
전화 : 031)955-8588, 8558 | 전송 : 마케팅부 031)955-8595 편집부 031)955-8596
홈페이지 : www.sakyejul.net | 전자우편 : picturebook@sakyejul.com
블로그 : blog.naver.com/skjmail | 페이스북 : facebook.com/sakyejulpicture
트위터 : twitter.com/sakyejul | 인스타그램 : sakyejul_picturebook

값은 뒤표지에 적혀 있습니다. 잘못 만든 책은 구입하신 서점에서 바꾸어 드립니다.
사계절출판사는 성장의 의미를 생각합니다. 사계절출판사는 독자 여러분의 의견에 늘 귀 기울이고 있습니다.
이 책은 저작권법에 따라 보호받는 저작물이므로 무단전재와 복제를 금합니다.

ISBN 978-89-5828-592-2 74370   ISBN 978-89-5828-463-5 74370(세트)